OPTImal
SPIESSGRILLEN

EVA JAUCH

W0066316

Family & Friends

HEEL

VORWORT

Immer häufiger sieht man neuerdings auf Balkonen und Gärten Spieße auf dem Grill brutzeln. Aufspießen lässt sich schließlich eine ganze Menge und es macht einfach Spaß, gleich eine ganze kunterbunte Mahlzeit auf einem Spieß zuzubereiten.

Was auf dem Outdoor-Grill funktioniert, ist natürlich auch auf dem OptiGrill möglich. Mit den speziellen Grillspießen von Tefal lassen sich die Vorteile des beliebten, unschlagbar einfach zu bedienenden Kontaktgrills wunderbar nutzen. Spieße bestücken, auf den Grill damit, Deckel drauf – und schon hat man binnen kürzester Zeit und ohne das Grillgut wenden zu müssen, das Essen zubereitet. Denn das Tolle am Spießgrillen ist ja, dass man die Beilagen und Hauptzutaten problemlos miteinander aufspießen kann. Noch dazu ist bei der Vielseitigkeit der bunten Spieße garantiert für jeden Geschmack etwas dabei. So kann man sich um seine Gäste kümmern – und nicht ums Befüllen von Schüsseln und Servierplatten … Einfach praktisch, praktisch einfach.

Diese Lässigkeit ist es, die das Spießgrillen so attraktiv und bequem macht, deshalb versteht sich diese Sammlung von Rezepten auch als Inspirationsquelle, zum Ausprobieren und als Hilfestellung, wenn sich Familie oder Freunde angekündigt haben, auch mal ganz spontan. Die Zeit sollte den Gästen gehören – ein Hoch auf den OptiGrill mit seinem neuen Zubehör!

Viel Spaß am OptiGrill und guten Appetit!

INHALT

Tipps für den OPTImalen Spaß

Das Grillen auf Spießen ist eine wunderbar gesellige Angelegenheit. Entweder werden die Spieße vor Eintreffen der Gäste bestückt oder man stellt die Zutaten einfach auf Schalen, Tellern oder Platten auf die gemeinsame Tafel und jede/r spießt sich selbst sein Wunschgericht auf.

Wegen seiner Größe und der Auswahl an Programmen eignet sich der OptiGrill+ XL besonders gut für die Zubereitung von Spießen. Je nachdem, wie groß die Zutaten geschnitten sind, passen problemlos bis zu vier Spieße gleichzeitig zwischen die antihaftbeschichteten Grillplatten.

Während Holzspieße vor der Nutzung ausreichend lange gewässert werden müssen, sind die Spieße von Tefal direkt startklar. Das spart nicht nur Zeit, es ermöglicht auch spontanes Grillen. Die Spieße sind aus rostfreiem Edelstahl, äußerst langlebig und können nach der Party problemlos in die Spülmaschine.

In der Regel entfällt beim OptiGrill das Wenden des Grillgutes. Nur in ganz seltenen Fällen wird der Spieß um 90 oder 180 Grad gedreht. Umso wichtiger ist es, dass die Zutaten sehr gleichmäßig geschnitten werden, gröbere Unregelmäßigkeiten behindern den Garprozess und ein gleichmäßiges Branding. An dieser Stelle lohnt es sich, ein bisschen Zeit zu investieren!

Achtung, heiß! Beim Runternehmen ist Vorsicht geboten, die Edelstahlspieße erhitzen sich beim Grillvorgang sehr stark. Am besten nimmt man einen Topflappen aus Stoff oder Silikon zu Hilfe. Da die Spieße schön lang sind, passt auch viel darauf und sie werden recht schwer. Am besten packt man sie also an beiden Enden an, dann gibt's auch keine Transportschäden …

GEFLÜGEL

• SPIESSE •

Entenbrustspiesse
MIT SCHWARZEM SESAM, FENCHEL UND BABYKARTOFFELN

6 PERSONEN 🕐 30 Min. Vorbereitung + 1 Stunde Marinierzeit 🍳 15 Min. Grillzeit

Zutaten

3 Entenbrüste
500 g Drillinge (Babykartoffeln)
1 TL Salz
2 Fenchelknollen
20 ml Olivenöl
40 g Butter
80 g schwarze Sesamkörner

Zutaten für die Marinade

4 großzügige EL flüssiger Honig
100 ml Reisessig
2 EL Sesamöl
Salz und Pfeffer

1. Das Fett von der Entenbrust abschneiden. Das Fleisch relativ klein würfeln, maximal 2 x 2 cm. Den Fenchel putzen und in ebenso große Stücke schneiden.

2. Für die Marinade den Honig und den Reisessig in einem Topf leicht anwärmen. Von der Herdplatte nehmen. Das Sesamöl sowie etwas Salz und Pfeffer hinzufügen. Die Marinade in zwei Teile aufteilen. Den einen Teil zum Marinieren nehmen und den anderen Teil beiseitestellen und später zu den gegrillten Spießen reichen.

3. Die Fleischwürfel mit dem Fenchel abwechselnd auf Spieße stecken und diese dann auf einen tiefen Teller legen und mit dem einen Teil der Honigmarinade übergießen. Mit Frischhaltefolie abdecken und 1 Stunde im Kühlschrank marinieren.

4. Die Kartoffeln waschen, mit Schale in einen Topf legen und mit kaltem Wasser bedecken. Salz hinzugeben. Das Wasser zum Kochen bringen und ab diesem Zeitpunkt etwa 15 Minuten köcheln lassen, bis die Kartoffeln gar sind. Das Kartoffelwasser anschließend abgießen.

5. Die Kartoffeln in einer Pfanne mit Butter und Öl 5–8 Minuten leicht anbraten. Salzen und pfeffern.

6. Die marinierten Spieße ein wenig abtropfen lassen, den Rest dieser Marinade danach entsorgen. Die Spieße im **Programm Geflügel** bis Anfang der Stufe **Medium** grillen und vor dem Servieren mit dem Sesam bestreuen. Die Entenbrust-Spieße zusammen mit der beiseitegestellten Marinade und den Kartoffeln servieren.

Hähnchenspiesse
ASIA

4 PERSONEN ⏱ 15 Min. Vorbereitung + 30 Min. Marinierzeit 🍳 10 Min. Grillzeit

Zutaten

300 g Hähnchenbrustfilet
1–2 EL Öl (z. B. Erdnussöl)
2–3 EL asiatische Chilisauce
Salz und Pfeffer

Zutaten für den Salat

1 kleiner Spitzkohl (400 g)
Salz
1 kleine rote Paprikaschote,
  Kerne und Scheidewände
  entfernt, in Streifen
1 EL Apfelessig
1–2 EL asiatische
  Chilisauce
1–2 EL Öl (z. B. Erdnussöl)
3–5 Stiele Koriander oder
  glatte Petersilie
2–3 EL gesalzene
  Erdnüsse
Pfeffer nach Belieben

1. Kohl putzen, halbieren, waschen und den Strunk entfernen. In Streifen schneiden und mit etwas Salz vermengen. Paprika waschen, putzen und in dünne Streifen schneiden. Essig, Chilisauce und Öl verrühren. Mit Spitzkohl und Paprika mischen. Mind. 30 Minuten durchziehen lassen.

2. Filets waagerecht jeweils in 3 dünne Schnitzel und dann längs in je 2 Streifen schneiden. Diese Streifen dann wellenförmig auf Spieße stecken, mit etwas Öl einpinseln und im **Programm Geflügel** 🍗 grillen.

3. Da die Hähnchenspieße durch den Grill flachgedrückt werden, reicht es, bis zur Grillstufe **Rare** zu grillen.

4. Koriander waschen und abzupfen. Nüsse hacken. Beides unter den Salat heben. Mit Essig, Chilisauce und Pfeffer abschmecken. Salat auf Tellern anrichten. Die Spieße mit 2–3 EL Chilisauce bestreichen, mit Salz und Pfeffer würzen und zum Salat dazu reichen.

HAWAIIANISCHE
Hähnchenspiesse

4 PERSONEN 🕐 10 Min. Vorbereitung + 10 Min. Marinierzeit 🍳 5 Min. Grillzeit

Zutaten

½ frische Ananas
500 g Hähnchenbrust
2 Knoblauchzehen
4 rote Zwiebeln
Saft von 2 Limetten
1 EL Kurkuma
1 EL Paprikapulver
Salz und Pfeffer

1. Die Ananas halbieren und Schale und Strunk entfernen. Das Fruchtfleisch und die Hähnchenbrust in etwa 2 x 2 cm große Würfel schneiden. Den Knoblauch fein hacken und die Zwiebeln in Spalten schneiden.

2. Alle vorbereiteten Zutaten in eine mittelgroße Schüssel geben. Den Limettensaft zusammen mit den Gewürzen über die Zutaten in der Schüssel geben und vermischen. Alles für ca. 10 Minuten abgedeckt ruhen lassen.

3. Die Spieße abwechselnd mit je einem Stück Fleisch, einer Zwiebelspalte und einem Stück Ananas bestücken. **Programm Geflügel** 🍗 auswählen und die Spieße bis Grillstufe **Rare** grillen.

TIPP: Basmatireis passt gut dazu.

Putenspiesse
MIT SALSA

4 PERSONEN 🕙 10 Min. Vorbereitung 🥢 5 Min. Grillzeit

Zutaten

12 Cocktailtomaten
1 Zwiebel
*2 gelbe Paprika, Kerne und
    Scheidewände entfernt, in
    groben Stücken*
400 g Putenbrustfilet
1 EL Öl
Salz und Pfeffer

Zutaten für die Salsa

8 kleine Tomaten
1 Zwiebel
5 Stiele Petersilie
4 EL Ketchup
Salz und Pfeffer
einige Spritzer Tabasco
Pfeffer nach Belieben

Außerdem

Fladenbrot

1. Alle Tomaten waschen und für die Salsa die 8 kleinen Tomaten fein würfeln. Die Zwiebeln schälen und halbieren. Eine Zwiebel für die Salsa in feine Würfel schneiden, die andere nochmal halbieren, um sie auf die Spieße zu stecken. Die Petersilie waschen und hacken. Tomaten- und Zwiebelwürfel mit Ketchup und der Hälfte Petersilie verrühren. Mit Salz, Pfeffer und Tabasco feurig abschmecken.

2. Die Paprika waschen, putzen und in grobe Stücke schneiden. Das Fleisch abtupfen und grob würfeln. Cocktailtomaten, Paprika- und Zwiebelstücke abwechselnd auf Spieße stecken.

3. Die Spieße mit etwas Öl einstreichen und im **Programm Geflügel** 🍗 bis zum Ende der Grillstufe **Rare** oder Grillstufe **Medium** grillen. Mit Salz und Pfeffer würzen und mit Fladenbrot und Salsa anrichten. Nach Geschmack mit der restlichen Petersilie bestreuen.

TANDOORI-
Hähnchenspiesse

6 PERSONEN 🕙 10 Min. Vorbereitung + 10 Min. Ziehzeit 🍳 5 Min. Grillzeit

Zutaten

800 g Hähnchenschenkel
2 Knoblauchzehen
150 g Joghurt
1 gestr. TL gemahlener Ingwer
1 EL Paprikapulver, rosenscharf
1 EL gemahlener Koriander
1 EL gemahlener Kurkuma
1 TL gemahlener Cayennepfeffer
1 TL gemahlener Kreuzkümmel
2 Prisen Salz
etwas frischer Koriander

1. Das Fleisch der Hähnchenschenkel vom Knochen lösen und in gleichmäßige Stücke schneiden. Die Haut kann am Fleisch belassen werden.

2. Den Knoblauch fein hacken. Joghurt, Knoblauch und die Gewürze miteinander vermengen. Die Joghurt-Marinade in zwei Teile teilen. Einen Teil zum Servieren beiseitestellen und den anderen Teil mit den Hähnchenstücken vermengen und für etwa 10 Minuten ruhen lassen.

3. Die Hähnchenstücke aus der Marinade nehmen, auf die Spieße spießen und im **Programm Geflügel**  bis mindestens Ende der Grillstufe **Rare** grillen. Den Rest dieses Teils der Marinade entsorgen.

4. Zum Anrichten den beiseitegestellten Teil der Joghurtmarinade über die Spieße geben und den Rest davon in einem Schälchen anrichten. Frischen Koriander abzupfen und die Spieße damit garnieren.

TIPP:
Nach Geschmack
mit etwas Naan Brot
servieren.

FLEISCH
SPIESSE

GYROS-SPIESSE
MIT BACKKARTOFFELN

4 PERSONEN 1 ½ Stunden Vorbereitung + 30 Min. Marinierzeit 10 Min. Grillzeit

Zutaten

4 große Kartoffeln (à ca. 250 g)
Meersalz
500 g Nackensteaks
4 kleine Zwiebeln
2 EL Gyros-Gewürz
4 EL Öl + etwas zum Bepinseln
1 Becher Tzatziki (200 g)

Zutaten für den Salat

2 EL Balsamico
2 EL Olivenöl
1 EL Sonnenblumenöl
½ TL Honig
1 TL Senf
½ TL Salz
2 Prisen Pfeffer
Salatgurke
4 große Tomaten,
Gemüsezwiebel
Mini-Römersalate
50 g Feta, gewürfelt
schwarze Oliven nach Belieben

1. Backofen vorheizen (E-Herd: 175 °C/Umluft: 150 °C/Gas: Stufe 2), Kartoffeln waschen, abtrocknen. Mit Meersalz bestreuen, jeweils in ein Stück geölte Alufolie wickeln. Im heißen Ofen 1 ¼– 1 ½ Stunden backen.

2. Fleisch trocken tupfen und in Stücke schneiden. Kleine Zwiebeln schälen und in Spalten schneiden. Zwiebelspalten und Fleisch abwechselnd auf die Spieße stecken.

3. Gyros-Gewürz und 4 EL Öl verrühren und die Spieße damit bepinseln. Anschließend ca. 30 Minuten ziehen lassen.

4. Inzwischen für den Salat Balsamico, Oliven- und Sonnenblumenöl, Honig, Senf, Salz und Pfeffer verrühren. Gurke und Tomaten waschen. Gurke in dünne Scheiben schneiden oder hobeln. Tomaten in Scheiben schneiden.

5. Gemüsezwiebel schälen, in dünne Ringe schneiden, Salate putzen, waschen, trockenschleudern und kleiner zupfen. Feta und schwarze Oliven nach Belieben hinzufügen und alle Salatzutaten mit der Vinaigrette vermischen.

6. Die marinierten Gyros-Spieße im **Programm Schweinefleisch** nach Geschmack **Medium** oder **Well-done** grillen.

7. Kartoffeln aus der Folie nehmen und längs einschneiden. Mit etwas Meersalz bestreuen und den Salat und das Tzatziki als Beilage zu Kartoffeln und Gyros reichen.

KÖFTE

6 PERSONEN 🕐 30 Min. Vorbereitung 🍳 10 Min. Grillzeit

Zutaten

1 große rote Zwiebel
2 rote Paprika
5 Stiele glatte Petersilie
½ TL Pul Biber
1 TL Kreuzkümmel, gemahlen
50 ml Olivenöl
1 Knoblauchzehe
2 TL Salz
1 TL Pfeffer
900 g Rinderhackfleisch
1 Ei, Größe M
1 TL Paprika, edelsüß
100 g Paniermehl

Zutaten für den Minz-Quark

1 kleines Bund Minze
180 g Speisequark
Salz und Pfeffer

1. Die Zwiebel schälen und vierteln. Die Paprika waschen und putzen. Davon 1 ½ Paprika in grobe Stücke schneiden und ½ Paprika klein schneiden. Die Petersilie waschen, die Blätter abzupfen.

2. Zwiebel, ½ Paprika, Petersilie, Pul Biber, Kreuzkümmel, Öl, Knoblauch sowie etwas Salz und Pfeffer in den Mixer geben und pürieren. Die Masse sollte dabei nicht zu glatt werden.

3. Das Rinderhackfleisch von Hand in einer Schüssel mit der pürierten Masse und dem Ei, 1 TL Paprika, und dem Paniermehl vermengen. Pflaumengroße Bällchen formen. Diese abwechselnd mit den Paprikastücken auf Spieße stecken.

4. Die Spieße im **Programm Burger** 🍔 **Well-done** grillen.

5. In der Zwischenzeit die Minze waschen und hacken und in einer Schüssel mit dem Quark und etwas Salz und Pfeffer verrühren.

6. Die Köfte zusammen mit dem Quark servieren.

LAMMSPIESSE
MIT KEFIR

6 PERSONEN 5 Min. Vorbereitung + ca. 12 Stunden Marinierzeit 10 Min. Grillzeit

Zutaten

1 kg Lammfilet
2 Knoblauchzehen
200 ml Kefir
2 EL Olivenöl
1 TL Oregano, getrocknet
Salz und Pfeffer

1. Das Lamm abbrausen, trocken tupfen und in mundgerechte Stücke schneiden.

2. Den Knoblauch schälen und fein hacken. In einer Schüssel mit Kefir, Öl und Oregano verrühren. Salzen und Pfeffern. Das Lamm untermischen und abgedeckt über Nacht im Kühlschrank marinieren.

3. Das Lamm am nächsten Tag aus der Marinade nehmen und auf die Spieße stecken. Im **Programm Steak** je nach Geschmack bis zur Stufe **Medium** oder **Well-done** grillen.

TIPP:
Als Beilage passt
ein angeröstetes
Baguette und Tzaziki.

SCHWEINEFLEISCH-SPIESSE
MIT ERDNUSSSAUCE

4 PERSONEN 5 Min. Vorbereitung + 30 Min. Marinierzeit 10 Min. Grillzeit

Zutaten

450 g Schweinenacken
4 Zwiebeln

Zutaten für die Marinade

2 EL Sojaöl
Salz und Pfeffer
etwas Tabasco
etwas Senf
etwas Paprikapulver, edelsüß

Zutaten für die Sauce

80 g Erdnussbutter
Saft von ½ Limette
1 Knoblauchzehe
1 Stück Ingwer, daumengroß
4 EL Sojasauce
2 EL Agavendicksaft
2 EL Kokosmilch

1. Das Fleisch in mundgerechte Stücke schneiden. Die Zwiebeln schälen und vierteln.

2. Das Fleisch und je zwei Schichten der Zwiebelviertel abwechselnd auf Spieße stecken.

3. Das Öl mit etwas Salz und Pfeffer, Tabasco, Senf und Paprikapulver zu einer Marinade verrühren.

4. Die Spieße mit der Marinade einpinseln und 30 Minuten ruhen lassen. Anschließend im **Programm Schweinefleisch** nach Geschmack **Medium** oder **Well-done** grillen.

5. Für die Sauce alle Zutaten im Mixer vermischen. Die Spieße auf Tellern anrichten und mit der Sauce überziehen.

TIPP: Die Sauce kann auch erwärmt werden.

Steakspiesse **MIT**
APRIKOSEN UND JOGHURT-DIP

4 PERSONEN ⏱ 20 Min. Vorbereitungszeit + 1 Stunde Marinierzeit
+ 30 Min. Einweichzeit 🍲 5 Min. Grillzeit

Zutaten

12 dünne Scheiben Rumpsteak
ohne Fettrand
(je 2–3 mm dünn)
300 g Soft-Aprikosen
Salz und Pfeffer

Zutaten für die Marinade

1 Knoblauchzehe
1 Stück Ingwer (daumengroß)
4 EL Olivenöl
Schale von 1 Bio-Zitrone
1 EL Honig
1 Msp. Kreuzkümmel
1 Msp. Zimt

Zutaten für den Joghurt-Dip

2 EL Sesam
1–2 EL Saft von
1 Bio-Zitrone
150 g Vollmilch-Joghurt
1 EL Tahina (Sesampaste)
Salz und Pfeffer
1 TL Olivenöl

1. Für die Marinade Knoblauch und Ingwer schälen und hacken. 4 EL Öl in einer Pfanne erhitzen und Knoblauch und Ingwer darin andünsten. Die angedünsteten Zutaten in eine Schüssel geben.

2. Die Zitrone heiß waschen, abtrocknen und die Schale abreiben. Mit Honig, Kreuzkümmel und Zimt unter das Knoblauchöl rühren.

3. Die Steakscheiben trocken tupfen und jeweils in 4 Stücke schneiden. Die Stücke in der Marinade wenden und zugedeckt mind. 1 Stunde kalt marinieren.

4. Die Aprikosen im warmen Wasser ca. 30 Minuten einweichen.

5. Für den Joghurt-Dip Sesam in einer Pfanne ohne Fett leicht anrösten und umfüllen. Die Zitrone halbieren und eine Hälfte davon auspressen. Joghurt, 1–2 EL Zitronensaft und Tahina glattrühren. Mit Salz und Pfeffer abschmecken. Mit Sesam bestreuen und 1 TL Öl darüber träufeln.

6. Das Steak aus der Marinade nehmen, aufrollen und abwechselnd mit den Aprikosen auf Spieße stecken. Im **Programm Steak** 🥩 nach Geschmack **Medium** oder **Well-done** grillen. Die Spieße vor dem Servieren mit Salz und Pfeffer würzen und den Joghurt-Dip dazu reichen.

TIPP:
Damit sich das
Rumpsteak in dünne
Scheiben schneiden lässt,
friert man es am besten
etwas an.

FISCH

SPIESSE

GARNELEN-
GEMÜSE-SPIESSE

4 PERSONEN 🕙 10 Min. Vorbereitung + 30 Min. Marinierzeit 🦐 5 Min. Grillzeit

Zutaten

300 g Garnelen
1 rote Paprika
1 grüne Paprika
1 rote Zwiebel
½ Zucchini
2 Prisen weißer Pfeffer

Zutaten für die Marinade

2 Knoblauchzehen, fein gehackt
8 EL Olivenöl
Saft von 1 Zitrone
2 Prisen Pfeffer

1. Die Zutaten für die Marinade vermengen.

2. Die Garnelen entdarmen, sofern dies noch nicht geschehen ist, und die Schalen und Köpfe entfernen. Den Schwanz nach Belieben entfernen oder für die Optik daran belassen. Die Garnelen ca. 30 Minuten in der Marinade marinieren.

3. Die Paprika putzen, waschen und in grobe Stücke, die Zwiebel in Spalten und die Zucchini in Scheiben schneiden, diese wiederum halbieren.

4. Die Spieße abwechselnd mit Garnelen, Paprika, Zucchini und Zwiebeln bestücken und dann bis zur Stufe Medium im **Programm Meeresfrüchte** 🦐 grillen. Alternativ können die Spieße auch im **Programm Fisch** 🐟 bis zum Grillgrad **Medium** oder **Well-done** zubereitet werden.

> **TIPP:**
> Die Garnelen
> können auch ungeschält
> auf die Spieße gesteckt
> werden.

TIPP:
Als Beilage passt Wakame/marinierter Algensalat sehr gut dazu. Werden gefrorene Jakobsmuscheln verwendet, diese über Nacht im Kühlschrank auftauen und vor der Weiterverarbeitung trocken tupfen.

JAKOBSMUSCHELN
MIT SESAMSAUCE

4 PERSONEN 10 Min. Vorbereitung 🍳 5 Min. Grillzeit

Zutaten

1 Zucchini
400 g Jakobsmuscheln

Zutaten für die Sesamsauce

3 EL Sesamsamen
50 ml Avocado-Öl
2 EL Sonnenblumenöl
*   für die Pfanne*
1 Prise Salz

1. Die Zucchini waschen und in Scheiben schneiden.
2. Die Sesamkörner in einer Pfanne mit etwas Sonnenblumenöl leicht anrösten.
3. Die angerösteten Sesamkörner danach mit dem Avocado-Öl und etwas Salz vermischen.
4. Abwechselnd Jakobsmuscheln und Zucchinischeiben auf die Spieße stecken und mit der Sesamsauce einstreichen. Anschließend im **Programm Meeresfrüchte** bis zur Grillstufe **Medium** grillen. Alternativ können die Spieße auch im **Programm Fisch** 🐟 zubereitet werden. Dann bis zum Ende der Grillstufe **Medium** grillen.

ALGENSALAT-REZEPT (4 PORTIONEN)

1. Sesam in einer heißen Pfanne ohne Fett bei mittlerer Hitze hellbraun anrösten, herausnehmen und abkühlen lassen.
2. Algen waschen und abtropfen lassen. In eine Schale geben und mit Limettensaft, Reissirup, Ingwer, Koriandergrün und Pfeffer würzen. Sesam und Öl untermischen und servieren.

Zutaten

20 g helle Sesamsamen
120 g frische Wakame-Alge
2 TL Limettensaft
½ TL Reissirup
1 EL Ingwer, frisch gerieben
2 EL Koriandergrün,
*   fein gehackt*
2 Prisen Pfeffer
1 EL Sesamöl

LACHS-
AVOCADO-SPIESSE

4 PERSONEN 🕐 5 Min. Vorbereitung + 10 Min. Marinierzeit 🍳 5 Min. Grillzeit

Zutaten

500 g Lachsfilet
3–4 reife Avocados
300 g Cherrytomaten

Zutaten für die Marinade

1 Knoblauchzehe
2 EL Olivenöl
2 EL Zitronensaft
2 EL Honig

1. Das Lachsfilet in mundgerechte Stücke schneiden. Die Avocados entkernen, schälen und etwa in die Größe der Lachsstücke schneiden.

2. Den Knoblauch fein hacken und zusammen mit Olivenöl, Zitronensaft und Honig in einer separaten Schüssel vermischen. Das gewürfelte Lachsfilet zur Marinade in die Schüssel geben und 10 Minuten marinieren.

3. Die Spieße abwechselnd mit Lachs, Avocado und Tomaten bestücken und im **Programm Fisch** 🐟 grillen. Wer den Lachs noch etwas glasig mag, grillt bis Grillstufe **Medium**, ansonsten bis Stufe **Well-done.**

TIPP:
Nach Geschmack
mit fein geschnittenen
Korianderblättern
bestreuen.

TERIYAKI-LACHS-
SPIESSE

4 PERSONEN 🕐 15 Min. Vorbereitungszeit + 3 Stunden Marinierzeit 🥢 5–10 Min. Grillzeit

Zutaten

1000 g Lachsfilet

2 EL Sesamsamen

frische Kräuter, z. B. Petersilie und/oder Koriander

1 Frühlingszwiebel

Zitronenspalten zum Garnieren

100–150 ml Teriyaki-Sauce

1. Das Lachsfilet in mundgerechte Stücke schneiden, gut mit der Teriyaki-Sauce verrühren und für mindestens 3 Stunden im Kühlschrank marinieren.

2. Die Lachsstücke nach der Marinierzeit auf vier Spieße stecken und noch einmal mit der Sauce überziehen. Die Spieße im **Programm Fisch** 🐟 grillen. Wer den Lachs noch etwas glasig mag, grillt bis Grillstufe **Medium**, ansonsten bis Stufe **Well-done.**

3. Die Spieße kurz vor dem Servieren mit Sesamsamen bestreuen. Zum Garnieren frische Kräuter und fein geschnittene Ringe einer Frühlingszwiebel verwenden. Die Zitronenspalten runden den Geschmack ab.

SCHARFE
THUNFISCH-SPIESSE

4 PERSONEN 5 Min. Vorbereitung + 10 Min. Marinierzeit 5 Min. Grillzeit

Zutaten
500 g Thunfischfilet

Zutaten für die Marinade
1 Knoblauchzehe
2 EL Olivenöl
2 EL Sriracha-Sauce
4 EL Limettensaft
½ TL Salz

1. Das Thunfischfilet in mundgerechte Stücke schneiden.
2. Den Knoblauch fein hacken und mit Öl, Sriracha-Sauce, Limettensaft und Salz vermischen. Den Fisch hinzugeben, gut mit der Marinade vermengen und abgedeckt für 10 Minuten ziehen lassen.
3. Die Thunfischfilet-Stücke aufspießen und mit der restlichen Marinade bestreichen. Den Fisch im **Programm Fisch** bis zur Grillstufe **Rare** grillen. Wer es lieber durchgebraten mag, grillt bis zur Grillstufe **Medium.**

CHILI-MANGO-GEMÜSE

Zutaten
1 kl. Zwiebel
1 Knoblauchzehe
2 cm frischer Ingwer,
  fein gehackt
1 EL Sesamöl
1 Karotte
1 rote Paprika, Kerne und
  Scheidewände entfernt,
  in dünnen Streifen

1. Die Zwiebel und den Knoblauch schälen. Die Zwiebel in Würfel und den Knoblauch in Scheiben schneiden. Ingwer, Knoblauch und Zwiebel in einer Pfanne mit Sesamöl kurz anbraten.
2. Die Karotte putzen und in dünne Scheiben schneiden, die Zuckerschoten jeweils in der Mitte durchschneiden. Karottenscheiben und Paprika dazugeben und, je nach Geschmack, etwa 5–10 Minuten mitbraten. Mit Sojasauce ablöschen. Sojasprossen und Zuckerschoten erst am Schluss kurz mit anbraten.

4 Fl. Sojasauce
50 g frische Sojasprossen
200 g Zuckerschoten
1 kl. frische Chilischote
½ Mango
1 TL schwarzer Sesam
Pfeffer und Meersalz

3. Chilischote entkernen und in feine Ringe schneiden. Mango schälen und würfeln. Chilischote, Mango und schwarzen Sesam kurz zum Erwärmen mit zum Gemüse geben. Nach Belieben mit Pfeffer und Salz würzen. Die scharfen Thunfischspieße auf dem Gemüse anrichten.

VEGGIE

• SPIESSE •

AUBERGINEN-
SATÉ-SPIESSE

4 PERSONEN 10 Min. Vorbereitung + 15 Min. Marinierzeit 10 Min. Grillzeit

Zutaten

3 Auberginen
3 Knoblauchzehen
Saft von 3 Limetten
6 EL Sojasauce
6 EL brauner Zucker
9 EL Rapsöl
3 Prisen Salz
100 g geröstete Erdnüsse

1. Die Auberginen in 1–1,5 cm dicke Scheiben schneiden und vierteln. Den Knoblauch fein hacken.

2. Knoblauch, Limettensaft, Sojasauce, Zucker, Öl und Salz in einer mittelgroßen Schüssel vermischen und die Auberginenviertel darin einlegen. Für 15 Minuten ziehen lassen.

3. Die Auberginenstücke aus der Marinade nehmen, auf die Spieße stecken und den Rest der Marinade mit den Erdnüssen im Mixer fein pürieren. Je nach Leistung des Mixers die Erdnüsse gegebenenfalls vor dem Pürieren klein hacken.

4. Die Spieße im **Programm Burger** ⊜ bis zur Grillstufe **Medium** grillen. Die pürierte Sauce zu den Spießen reichen.

TIPP:
Die restliche
Marinade zu den gegrillten
Tofuspießen reichen.

BARBECUE-TOFU-SPIESSE
MIT GEGRILLTEN
SALATHERZEN

4 PERSONEN 🕐 5 Min. Vorbereitung + 15 Min. Marinierzeit 🍳 5 Min. Grillzeit

Zutaten
400 g Tofu
100 g Ketchup
70 g brauner Zucker
50 g Apfelessig
2 EL Honig
1 EL Worcestershiresauce
1 EL Zitronensaft
einige Spritzer Tabasco

Pro Person 1 Salatherz,
  also 2 Hälften

Zutaten
4 Salatherzen

Zutaten für das Dressing
1 TL Honig
½ TL Senf
1 EL Balsamico

1. Den Tofu würfeln. Die restlichen Zutaten in eine mittelgroße Schüssel geben und alles vermengen. Die Tofuwürfel hinzugeben, durchmischen und alles für 15 Minuten ziehen lassen.
2. Den Tofu auf Spieße stecken und im **Programm Steak** 🥩 bis Anfang der Stufe **Rare** grillen.

DAZU PASST: GEGRILLTE SALATHERZEN

1. Alle Zutaten vermischen und die halbierten Salatherzen damit bepinseln.
2. Salatherzen im **Programm Manuell** 🌡, Stufe Gelb (180 °C) 2 Minuten grillen und mit dem Dressing beträufeln.

BUNTE
GEMÜSESPIESSE

6 PERSONEN 🕐 10 Min. Vorbereitung 🍳 10 Min. Grillzeit

Zutaten

1 rote Zwiebel

*3 gelbe Paprikaschoten,
Kerne und Scheidewände
entfernt, in groben Stücken*

200 g Champignons

400 g Halloumi

Zutaten für die Marinade

1 EL frisch gehackte Petersilie

1 EL Thymianblättchen

Abrieb von ½ Bio-Zitrone

½ TL Chiliflocken

2 Prisen Salz

3 EL Rapsöl

1. Die Zwiebel schälen und in Spalten schneiden. Die Paprika putzen, abbrausen und in grobe Stücke schneiden. Die Champignons putzen (je nach Größe ganz belassen oder vierteln), den Käse in mundgerechte Stücke schneiden und alle vorbereiteten Zutaten auf Spieße stecken.

2. Für die Marinade die Kräuter mit Zitronenabrieb, Chiliflocken, Salz und Öl verrühren und das Gemüse auf den Spießen damit bepinseln.

3. Die Spieße im **Programm Steak** 🥩 bis Ende der Grillstufe **Rare** grillen. Wer es krosser mag, kann bis Stufe **Medium** weiter-grillen. Nach Geschmack z. B. etwas Kräuterquark dazu reichen.

SCHARFE
HALLOUMI-SPIESSE

4 PERSONEN 🕐 5 Min. Vorbereitung 🍳 10 Min. Grillzeit

Zutaten

400 g Halloumi

*2 Paprika, Kerne und
Scheidewände entfernt,
in groben Stücken*

Zutaten für die Marinade

4 EL Sriracha

2 EL Honig

2 EL Sojasauce

2 EL Mayonnaise

*1 Msp. Cayennepfeffer,
nach Belieben mehr*

1. Den Käse in mundgerechte Stücke schneiden. Die Paprika abbrausen, putzen und in grobe Stücke schneiden.

2. Die Zutaten für die Marinade in einer separaten Schüssel vermischen und die Käsewürfel darin wenden.

3. Käse und Paprika abwechselnd auf Spieße stecken und im **Programm Steak** 🥩 bis Ende der Grillstufe **Rare** grillen. Die übrige Marinade zu den gegrillten Spießen reichen.

TIPP: Nach Belieben mit Salat servieren.

SPIESSE
MIT GEMÜSETALERN

6 PERSONEN ⏱ 10 Min. Vorbereitung 🍳 10 Min. Grillzeit

Zutaten

*250 g Kichererbsen,
  getrocknet (siehe Hinweise
  zur Weiterverarbeitung)*

1 Gemüsezwiebel

1 Selleriestange

2 vorgekochte Karotten

1 Knoblauchzehe, geschält

1 EL Tomatenmark

1 TL Natron

*1 TL Kreuzkümmel,
  nach Belieben mehr*

1 TL Salz

½ Bund frischer Koriander

½ Bund frische Petersilie

Pfeffer nach Belieben

1 Ei, Größe M

*8 EL Semmelbrösel
  + zum Wälzen*

*Olivenöl zum Formen
  der Bällchen*

1. Die getrockneten Kichererbsen müssen vor ihrer Weiterverarbeitung in Wasser eingelegt werden. Währenddessen das Wasser mehrfach wechseln. Pro Tasse Hülsenfrüchte werden zum Einweichen 2–3 Tassen Wasser verwendet. Vor der Weiterverarbeitung in einem Sieb gut abtropfen lassen und nochmal mit frischem Wasser abwaschen. Nach dem Wässern müssen die Hülsenfrüchte noch gekocht werden: Liegen sie 8–12 Stunden im Wasser, beträgt die Garzeit 1–2 Stunden. Weicht man sie für 24 Stunden ein, benötigen sie noch 30–40 Minuten. Zum Kochen in jedem Fall frisches Wasser verwenden.

2. Die Zwiebel schälen und in kleine Würfel schneiden. Die Selleriestange in grobe Stücke schneiden. Die eingeweichten Kichererbsen, die Zwiebel, die vorgekochten Karotten, den Sellerie, den Knoblauch und das Tomatenmark im Mixer pürieren.

3. Die pürierte Masse in eine Schüssel umfüllen und mit Natron, Kreuzkümmel, klein gehackten Kräutern, Salz, Pfeffer, Ei und Semmelbröseln gründlich vermengen. Gegebenenfalls noch mit Salz nachwürzen. Die Masse in ein sauberes Geschirrhandtuch geben und die Flüssigkeit herauspressen. Danach aus der Masse mit eingeölten Fingern

walnussgroße Bällchen formen und in Semmelbröseln wälzen.

4. Die Bällchen auf Spieße stecken und im
   Programm Burger  bis Grillstufe **Medium**
   grillen.

TIPP: Dazu schmeckt Ketchup.

KINDER
SPIESSE

HACKBÄLLCHEN-SPIESSE

4 PERSONEN 15 Min. Vorbereitung 10 Min. Grillzeit

Zutaten

2 Stiele frische Petersilie

½ Gemüsezwiebel

80 g Gewürzgürkchen

600 g gemischtes Hack

50 g Semmelbrösel

1 EL Salz

1 EL Pfeffer

1 Ei, Größe L

35 ml Milch

*etwas Olivenöl zum Formen
der Bällchen*

1. Die Petersilie und die Zwiebel fein hacken. Die Gewürzgürkchen in sehr kleine Würfel schneiden. Das Hackfleisch, die Zwiebel, die Semmelbrösel, Salz und Pfeffer, die Gurkenwürfel, das Ei und die Milch in einer großen Schüssel gut durchkneten.

2. Aus der Masse mit eingeölten Fingern etwa 2,5–3 cm große Hackbällchen formen und diese auf die Spieße spießen.

3. **Programm Burger** ⊖ auswählen und die Spieße bis Garstufe **Medium** grillen, dann sind sie immer noch fluffig locker. Wer es lieber durchgebraten mag, grillt bis Stufe **Well-done.**

TIPP: Kinder mögen sicher klassische Pommes frites am liebsten dazu. Es schmecken aber auch Süßkartoffelpommes oder ein Kartoffel- oder Nudelsalat als Beilage.

Hähnchenspiesse
MIT FRUCHTIGER ZITRONENMARINADE

4 PERSONEN · 5 Min. Vorbereitung + mind. 1 Stunde Marinierzeit · 10 Min. Grillzeit

Zutaten

400 g Hähnchenbrustfilet

1 rote Paprika, Kerne und Scheidewände entfernt, in groben Stücken

Zutaten für die Zitronenmarinade

150 g Olivenöl

5 EL Balsamico, weiß

4 EL Ketchup

3 EL mittelscharfer Senf

20 ml Zitronensaft

1 TL flüssiger Honig

1 TL Kräutersalz

frische Kräuter, nach Belieben (z. B. Zitronenthymian)

50 ml Orangensaft

1. Das Hähnchenbrustfilet in mundgerechte Stücke schneiden.

2. Die Zutaten für die Zitronenmarinade miteinander verrühren. Die Fleischstücke mit der Marinade vermengen und für mindestens 1 Stunde, am besten aber über Nacht, im Kühlschrank marinieren.

3. Die Paprika in groben Stücken abwechselnd mit den Hähnchenstücken auf die Spieße stecken und im **Programm Geflügel** bis Ende der Grillstufe **Rare** grillen.

TIPP:
Wer Paprika nicht so gerne mag, kann diese natürlich auch durch anderes Gemüse ersetzen.

STOCKBROT MIT WURST AM SPIESS

Zutaten

*4 feine Bratwürste,
z. B. Bratmaxe*

*4 TK-Laugenbrezeln
oder -stangen zum
Aufbacken, aufgetaut*

1. Die Bratwurst in mundgerechte Stücke schneiden. Die Brezel „entrollen" und zu einem etwas gleichmäßigeren, dünnen Strang ausrollen. Jeweils 1 Stück Bratwurst abwechselnd mit Brezel auf den Spieß stecken: Den Brezelteig dabei um den Spieß herumwickeln.

2. Die Spieße im **Programm Würstchen/ Lamm** 🌭 bis Ende der Stufe **Medium** grillen.

TIPP: Dazu schmeckt Ketchup oder BBQ-Sauce.

TOMATEN IM SPECKMANTEL

6 PERSONEN 🕐 25 Min. Vorbereitung 🍳 10 Min. Grillzeit

Zutaten

36 Kirschtomaten
50 ml Olivenöl
6 dünne Scheiben Räucherspeck
Salz und Pfeffer

Zutaten für die Balsamicosauce

250 ml Balsamico
1 EL Zucker
15 g Butter
Salz und Pfeffer

1. Den Balsamicoessig in einen Topf geben. Den Zucker, etwas Salz und Pfeffer hinzufügen. Zum Kochen bringen und 15 Minuten auf mittlerer Stufe eindicken lassen, bis der Essig eine zähflüssige Konsistenz hat. Von der Herdplatte nehmen. Die Butter einrühren. Warmhalten (aber nicht kochen).

2. Die Kirschtomaten waschen und in eine Schüssel geben. Das Olivenöl sowie Salz und Pfeffer hinzufügen. Vorsichtig verrühren, bis die Tomaten von der Mischung umhüllt sind. Den Speck ebenfalls mit der Mischung einpinseln.

3. Zunächst das eine Ende der Speckscheibe auf den Spieß stecken, danach eine Tomate, dann wieder den Speck usw. Den Speck um die Tomaten auf dem Spieß schlängeln lassen. Die Tomatenspieße im **Programm Manuell** auf Grillstufe **Medium** 3–4 Minuten grillen.

4. Die Spieße auf Teller verteilen und mit der Balsamicosauce beträufeln. Nach Geschmack mit gegrillten Salatherzen servieren.

TIPP:
Wer es „speckiger"
mag, nimmt pro Spieß
einfach zwei
Scheiben Speck.

ZUCCHINI-BRAT-WURST-SPIESSE

6 PERSONEN 🕐 10 Min. Vorbereitung 🍳 5 Min. Grillzeit

Zutaten

2 Zucchini

10 EL Olivenöl

mediterrane Kräuter,
*   getrocknet (z. B. Thymian,*
*   Rosmarin, Oregano, Estragon)*

6 grobe Bratwürste

1. Die Zucchini längs in 0,5 cm dicke Scheiben schneiden und im **Programm Manuell** auf der Grillstufe **Rare** kurz scharf angrillen, damit sie formbar werden und erste Röstaromen bekommen. Öl und Kräuter mischen und die Zucchinischeiben nach dem Vorbraten damit einpinseln.

2. Die Bratwurst in mundgerechte Stücke schneiden, mit der Zucchini umwickeln und auf Spieße stecken. Im **Programm Würstchen/Lamm** bis kurz nach Grillstufe **Rare** grillen. Alternativ kann man die Spieße auch im **Programm Steak** 🥩 bis zur Grillstufe **Medium** grillen.

TIPP: Dazu passen Ofenkartoffeln. Hierfür die Kartoffeln in Alufolie einwickeln und im Backofen für 60 Minuten bei 150 °C Umluft garen. Wenn die Kartoffeln bereits gekocht wurden, reduziert sich die Garzeit auf 35 Minuten.

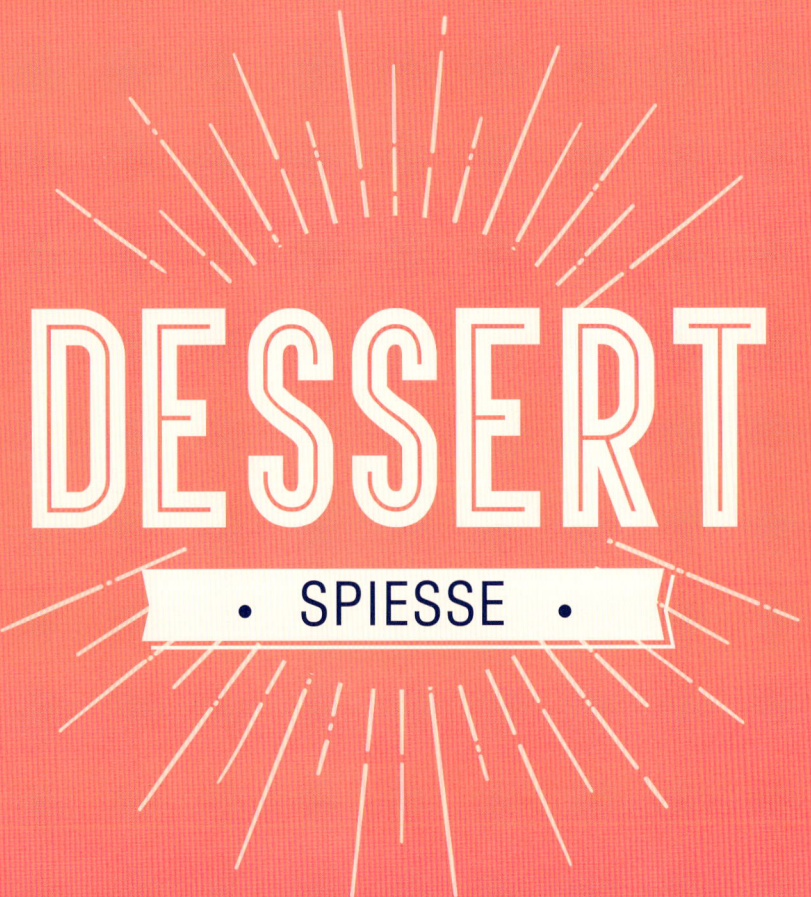

DESSERT

SPIESSE

ANANASSPIESSE
MIT KEKS-CRUMBLE

6 PERSONEN 10 Min. Vorbereitung 5 Min. Grillzeit

Zutaten

1 große, reife Ananas
90 g Zucker
1 gestr. TL Kardamom,
gemahlen

Zutaten für den
Keks-Crumble

150 g Vollkornkekse (Hobbits)
60 g Butter

1. Für den Crumble die Kekse in einen Gefrierbeutel geben und mit dem Nudelholz ein paarmal darauf hauen und kräftig darüber rollen.

2. Die Butter in einer Pfanne schmelzen lassen, die Kekskrümel hineingeben und leicht anbräunen. Abkühlen lassen.

3. Von der Ananas Schale und Strunk entfernen. Das Fruchtfleisch in Würfel schneiden und diese auf die Spieße stecken. Zucker und gemahlenen Kardamom mischen und auf einen flachen Teller geben. Die Spieße darin wälzen.

4. Die Ananasspieße 2 Minuten im **Programm Steak** grillen, bis der Zucker karamellisiert ist und sich Grillstreifen abzeichnen.

5. Die gegrillten Spieße auf Teller legen, mit Crumble bestreuen und sofort genießen.

TIPP:
Statt Ananas kann auch Mango verwendet werden. Die Grillzeit dem Reifegrad der Ananas entsprechend anpassen: Je reifer die Ananas ist, desto kürzer muss sie gegrillt werden.

FEIGENSPIESSE
MIT HONIG UND MOSCATO

6 PERSONEN 10 Min. Vorbereitung 10 Min. Grillzeit

Zutaten

*18 getrocknete Feigen,
alternativ: Soft-Feigen*

80 g Butter

*100 g gehobelte oder
gehackte Mandeln*

100 g flüssiger Honig

*200 ml Süßwein nach
Belieben, z. B. Moscato,
alternativ: Pflaumenwein,
Beerenauslese, Eiswein*

1. Je 3 Feigen auf einen Spieß stecken.

2. Die Butter in einer Pfanne schmelzen. Anschließend die Mandeln dazugeben und leicht bräunen.

3. Den Honig dazugeben und 3 Minuten bei starker Hitze karamellisieren lassen. Danach mit Moscato ablöschen und weitere 3–4 Minuten eindicken lassen.

4. Die Spieße im **Programm Manuell/Grün** etwa 11 Minuten grillen.

5. Die gegrillten Feigenspieße vor dem Servieren löffelweise mit Sauce übergießen und danach sofort servieren.

TIPP: Die Feigenspieße mit einer Kugel Eis servieren.

GEGRILLTES OBST

6 PERSONEN 🕙 10 Min. Vorbereitung 🍲 5 Min. Grillzeit

Zutaten

*1200 g Obst nach Wahl
(z. B. Banane, Kiwi, Ananas,
Sternfrucht, Papaya, Feige,
Erdbeeren)*

3 EL Mandeln, gemahlen

3 EL Haselnüsse, gemahlen

6 EL Agavendicksaft

6 TL Sonnenblumenöl

6 EL Orangensaft

1. Das Obst waschen oder schälen und in mundgerechte Stücke schneiden.

2. Mandeln, Haselnüsse, Agavendicksaft, Sonnenblumenöl und Orangensaft miteinander vermengen.

3. Das Obst nun abwechselnd auf Spieße stecken und mit der Nuss-Agavendicksaft-Mischung rundum einstreichen.

4. Die Spieße im **Programm Manuell/Grün** 4 Minuten grillen.

TIPP:
Hierzu passt ein Schälchen geschmolzene (weiße) Kuvertüre zum Dippen.

MARSHMALLOW-
SPIESSE

4 PERSONEN 5 Min. Vorbereitung 5 Min. Grillzeit

Zutaten

300 g frische Erdbeeren
300 g Marshmallows

Zusätzlich

Backpapier

1. Die Erdbeeren waschen und putzen.

2. Marshmallows und Erdbeeren abwechselnd auf Spieße stecken. Eine Lage Backpapier auf den Grill legen. Die Spieße drauflegen, die obere Grillplatte nicht nach unten drücken, sondern in diesem Fall offen grillen. Die Spieße im **Programm Steak** für 1 Minute grillen. Dann den Spieß einmal wenden und 1 weitere Minute grillen.

PFANNKUCHEN-
FRUCHT-SPIESSE

4 PERSONEN 5 Min. Vorbereitung 5 Min. Grillzeit

Zutaten

*4 Pfannkuchen aus dem
Kühlregal oder selbst
gemacht (siehe Rezept anbei)*

*2 EL Nutella oder
andere Nusscreme*

*2 Handvoll Obst nach Wahl
(z. B. Trauben, Erdbeeren,
Ananas, Bananen)*

Puderzucker zum Garnieren

1. Einen Pfannkuchen mit Nusscreme bestreichen, einen anderen darauflegen und zusammendrücken. Beide Lagen zu einer Rolle rollen. Dann den Pfannkuchen in ca. 4 cm breite Streifen schneiden.

2. Das Obst waschen oder schälen und in mundgerechte Stücke schneiden.

3. Pfannkuchen und Obst abwechselnd auf einen Spieß aufspießen. 4 Minuten im **Programm Manuell/Grün** grillen.

4. Die fertigen Spieße auf einen großen Teller legen und mit Puderzucker garnieren. Wer möchte, streut etwas Minze oder gehackte Haselnüsse darüber.

PFANNKUCHEN GRUNDREZEPT (4 STÜCK)

Zutaten

1 Ei, Größe M

120 ml Milch

1 TL Zucker

1 Prise Salz

120 g Mehl

40 ml Mineralwasser

etwas Speiseöl zum Ausbacken

1. Ei mit Milch, Zucker, Salz, Mehl und Mineralwasser zu einem glatten Teig verrühren. Bei Bedarf noch etwas Mehl oder Wasser hinzugeben, um die gewünschte Konsistenz zu erreichen.

2. Den Teig etwa 15 Minuten quellen lassen.

3. Eine beschichtete Pfanne mit etwas Speiseöl erhitzen. Mit einer Schöpfkelle 1 Kelle Teig in die Pfanne geben und die Pfanne kurz schwenken, um den Teig zu verteilen. Den Pfannkuchen von beiden Seiten etwa 1–2 Minuten goldbraun ausbacken.

4. Mit dem übrigen Teig genauso verfahren.

HEEL Verlag GmbH
Gut Pottscheidt
53639 Königswinter
Tel.: 02223 9230-0
Fax: 02223 9230-13
E-Mail: info@heel-verlag.de
Internet: www.heel-verlag.de

© 2021 HEEL Verlag GmbH, Königswinter
In Zusammenarbeit mit **Tefal**

Projektleitung: Christine Birnbaum
Gestaltung: Sabine Vonderstein, Köln
Covergestaltung: Axel Mertens, Heel Verlag
Fotos: Volker Debus

© Adobe Stock: ~ Bitter ~, Suesse (Früchte und Gemüse); Designed by ilonitta / Freepik
(Ente, Lamm); Designed by vextok / Freepik (Muschel); Designed by macrovector / Freepik
(Garnele, Lachs, Thunfisch)

Klimaneutral und unter Verwendung FSC®-zertifizierten Materials gedruckt

– Alle Rechte vorbehalten –
– Alle Angaben ohne Gewähr –

Printed in Czech Republic

ISBN 978-3-96664-335-1